Talk-to-go

Die Crème de la Crème der Unterhaltung

Daniel Sean Kaiser

Talk-to-go

Die Crème de la Crème der Unterhaltung

Gedanken, Sprüche & Aphorismen

Volume 6

Bibliografische Information der Deutschen Nationalbibliothek
Die Deutsche Nationalbibliothek verzeichnet diese Publikation in der
Deutschen Nationalbibliografie; detaillierte bibliografische Daten
sind im Internet unter http://dnb.d-nb.de abrufbar.

© 2017

Herstellung und Verlag: BoD – Books on Demand, Norderstedt

ISBN 9783744893138

Gesammelte Zitate mit den Themenschwerpunkten:
Psychologie, Philosophie, Theologie, Politik,
Wissenschaft, Humor, Satire und Sexualität.

Talk-to-go

Die Crème de la Crème der Unterhaltung

»Wem Zuckerbrot und Peitsche gefällt, der sagt auch
bei einer surfenden Ananas nicht Nein.«

»Deutsche Bank führt erstes Geldanlagekonto
für Hunde ein: Den Fletsch-Fonds.«

»Diese Welt kann man nur scheintot ertragen,
oder unter schallendem Gelächter.«

»Nicht alles ist möglich, aber viel mehr als man denkt,
wenn man nur die nötige Disziplin aufbringt.«

Die Crème de la Crème der Unterhaltung

»Willkommen im (Stein-)Zeitalter der (Un-)Bildung: So mancher Zeitgenosse hält 'Zyklon B' für einen tropischen Wirbelsturm.«

»Im Zeitalter der Automobilgötzen werden dem Fortschritt zuliebe quasi ungestraft Menschenleben geopfert.«

»Immer wieder wird von falschen Freunden gesprochen, an die jemand geraten sein könnte, dass derjenige möglicherweise selbst der falsche Freund für andere ist, wird üblicherweise eher weniger thematisiert.«

»Nichts hat auf Dauer Relevanz, nur die Liebe.«

»Diese Welt wird kontrolliert von Wurstverkäufern und lächerlichen Politclowns in Nadelstreifen.«

Burger Power? Für so manchen Zeitgenossen ist das Schnellrestaurant der perfekte Ernährungsbrater!

»Mode? Wer sich auf seine innere Uhr nicht mehr verlassen kann, findet oftmals kaum noch Zeit für seine äußere!«

»Was wäre die Welt doch für ein wundervoller Ort, wenn einzig nur noch die Vöglein sängen.«

»Für ‚Nutztiere‘ in Deutschland ist der Holocaust an jedem neuen Tag Realität.«

»So mancher Zeitgenosse hält ein 'Fresko'
für eine kulinarische Schlemmerei.«

»Einsamkeit? Nur auf dem Friedhof kann man sich drauf
verlassen, dass immer jemand zu Hause ist.«

»Triebwerksschaden: Chronische Flugzeug-Fetischisten
leiden nicht selten am Pfeifferschen Düsenfieber.«

»Schicksalsschläge bekämpft man am
besten, indem man zurückschlägt.«

Talk-to-go

Die Crème de la Crème der Unterhaltung

»In Italien wird der 'Sudden Cardiac Death' (SCD) von Fachärzten auch als 'Mortadella-Syndrom' diagnostiziert.«

»Nur wer kompetent und wahrhaftig ist, kann sich letztendlich als vertrauenswürdiger Mensch erweisen.«

»Irgendwann geht alles den Bach runter, und wenn's nur die Inkontinenz ist.«

»Alles hat seinen Preis, und wenn's nur ein Saupreiß ist.«

»Selbst wenn eine außerirdische Superzivilisation mit der minutiösen Aufzeichnung der vollständigen und allumfassenden Menschheitsgeschichte in Bild und Ton auftauchen würde, wären Kritiker auf der Erde aus Gründen des Machterhalts gezwungen, gebetsmühlenartig von Fake-News zu schwadronieren.«

Die Crème de la Crème der Unterhaltung

»(Freiwasser-)Schwimmen
regeneriert **Körper und Geist**.«

»Weight Gainer: Menschen die aus allen Nähten platzen,
sind für den **Schneidermeister** ein wahrer Segen.«

»Die gesamte irdische Existenz ist ein Irrtum,
wenn man mal die Zeiten mit Erdbeerkuchen,
Sahne und Kaffee, außer Acht lässt.«

»Zeitalter Sapipozän: Die größte Bedrohung
für die Menschheit ist **der Mensch** selbst.«

»Früher waren Männer noch richtig hart,
heute tragen sie **Pseudo-Bart**.«

»Wem die interlellen Zellen fehlen, der geht
öfter mal zum Lachen in den Keller.«

»Und im kommerziellen Rundfunk läuft wieder
rund um die Uhr Katasdoofenalarm.«

»Die Krimi-Flut im Fernsehen bedient niederste,
voyeuristische Instinkte der Zuschauerschaft.«

»Wir setzen nicht auf Jäger, wir setzen auf Rehcycling!«

»Anstiftung zur Untreue funktioniert auch mit
einer ganz gewöhnlichen Schreibmaschine.«

»Das Leben ist ein **Auf und Ab,** und mancher
macht schon vorher schlapp.«

»So mancher Zeitgenosse begeht den Fehler,
Toleranz mit **Gleichgültigkeit** zu verwechseln.«

»Die größten Romantiker früherer Epochen
werden posthum vergewaltigt, indem sie zu
schnöden Straßennamen degradiert werden.«

»Industrielle Tiermast? Statt fetter Slogans
wünsch ich mir lieber 'ne Ente als Hausfreund!«

Talk-to-go

Die Crème de la Crème der Unterhaltung

»Wenn eine Frau Haare auf den Zähnen hat, geht sie zur Kosmetik. Wenn ein Mann Haare auf den Zähnen hat, führt er Kriege.«

»So mancher Humorist wiederholt seine Gags mit solcher Penetranz, dass sie bestenfalls noch als Humus für den **Komposthaufen** taugen.«

»If you're sure to be on the right path, nothing can stop you.«

»Money Talks: Heutzutage sterben mehr Menschen am **Geldfieber** als am Gelbfieber.«

»Aktivität! Jeder noch so kleine Lauf ist dein ganz persönlicher Triumpf über die allgegenwärtige Trägheit.«

»Every Second Counts!
Zeitverschwendung ist das Übel der Neuzeit.«

»Schon allein der kriminelle Umgang mit Tieren disqualifiziert die Menschheit zur Farce.«

»Pinocchio-Syndrom: Wer mit Lügen sein Geld verdient, wird sich von nichts und niemandem eines Besseren belehren lassen.«

»Härte gegen die eigene Person erwirbt man durch aktives Handeln außerhalb der Komfortzone, und nicht durch bloße Absichtserklärungen.«

»Doping? So mancher **Spritzensportler** steigt nach geraumer Zeit auf **Stereoide** um, weil die Einzeldosen nicht mehr so den 'Kick' bringen.«

»Sexualität? In der guten alten Zeit lag noch jede zweite in **Latex** auf dem Canapé.«

»Gibt es einen besseren Beweis für die Inhumanität einer Gesellschaft, als die Akzeptanz der Massentierhaltung?«

»Tierschutz? Wer Zeichen setzen will, sollte es mal *mit* Pelikan versuchen.«

»Pro und Contra Mortalität: Die Menschheit
zu verlassen bedeutet Hoffnung, die Natur
zu verlassen ist ein Trauerspiel.«

»Pharma-Desaster: Wenn doch nur die Ärzte, statt
Psychopharmaka, ein moderates Lauftraining, sowie
einen einzigen Apfel pro Tag verschreiben würden.«

»Lobbyismus wie geschmiert: In Ländern wie Deutschland wird
die 'Steuererklärung' rasender Psychopathen in ihren
Mordmaschinen, zugunsten der Automobilindustrie, noch
willfährig akzeptiert.«

Talk-to-go

Die Crème de la Crème der Unterhaltung

»Modediktat: Der 'Bartvirus' ist spätestens dann ausgebrochen, wenn jeder zweite Konsument ein Haar in der Suppe findet.«

»Politik und Sicherheit? Was für den einen bloß 'Kontrollfreak-Dinge' sind, ist für den anderen möglicherweise der Unterschied zwischen Leben und Tod.«

»Der Untergang einer Kultur beginnt mit der Gleichschaltung von Politik und Medien.«

»Jogging? Es muss nicht immer ein Seitensprung sein, man kann auch einfach mal geradeaus laufen.«

»Wer den eigenen Beruf an den Nagel hängt, muss nicht zwangsläufig Handwerker sein.«

»Selbsternannte Sexualexperten haben zwar selten Verkehr, aber sie dürfen zumindest ausgiebig über die Passion glücklicher Menschen fabulieren.«

»Alles ist falsch, was der Mensch unternimmt. Schon das Zertreten einer Ameise ist falsch.«

»Das einzig Gigantische am Homo sapiens ist sein Wahnsinn!«

»Transspecies! Alle reden vom Leid der Transgender, doch niemand bedenkt die Qualen der Menschen, die sich nicht klar auf die Rolle als Homo sapiens festlegen wollen.«

»Mit jedem Flügelschlag bringen dich die Schwingen des Todes näher an den Abgrund der Ewigkeit.«

»Dem Tod sind durchaus auch positive Seiten abzugewinnen:
Man kann mal wieder richtig ausschlafen.«

»Nur wer kompetent und wahrhaftig ist, kann sich
letztendlich als vertrauenswürdiger Mensch erweisen.«

»Statt nun das einzig Richtige zu tun, und eine
umfassende, weltweite Geburtenkontrolle einzuleiten,
setzt die Menschheit weiter auf Expansion.«

»Wir graben sie aus, falls Probleme bei der
Auferstehung bestehen sollten. Ihre Bestatter!«

»Die wahre Gesinnung eines Menschen wird deutlich,
wenn zum Vorschein kommt, was er zu verschweigen sucht.«

»Die Fesseln der Liebe. Bei der Monogamie
gilt der Leitsatz: Sie müssen sich zwingen.«

»Laufsport? Du kannst aufgeben, oder du
kannst um jeden Kilometer kämpfen!«

»Moderne Zeiten: Was früher Bussi-Gesellschaft genannt
wurde, ist heutzutage die Botox-Gesellschaft.«

»Schaue streng und mit Verdruss
auf den gsamten Weltenstuss.«

»So mancher Zeitgenosse hält Tautologie für eine
dramatische Folge des globalen Klimawandels.«

»Das Dekantieren eines Qualitätsweins der Güteklasse
'Eselsberger Hirntod' ist eine Offenbarung für jeden
echten Weinkenner!«

Talk-to-go

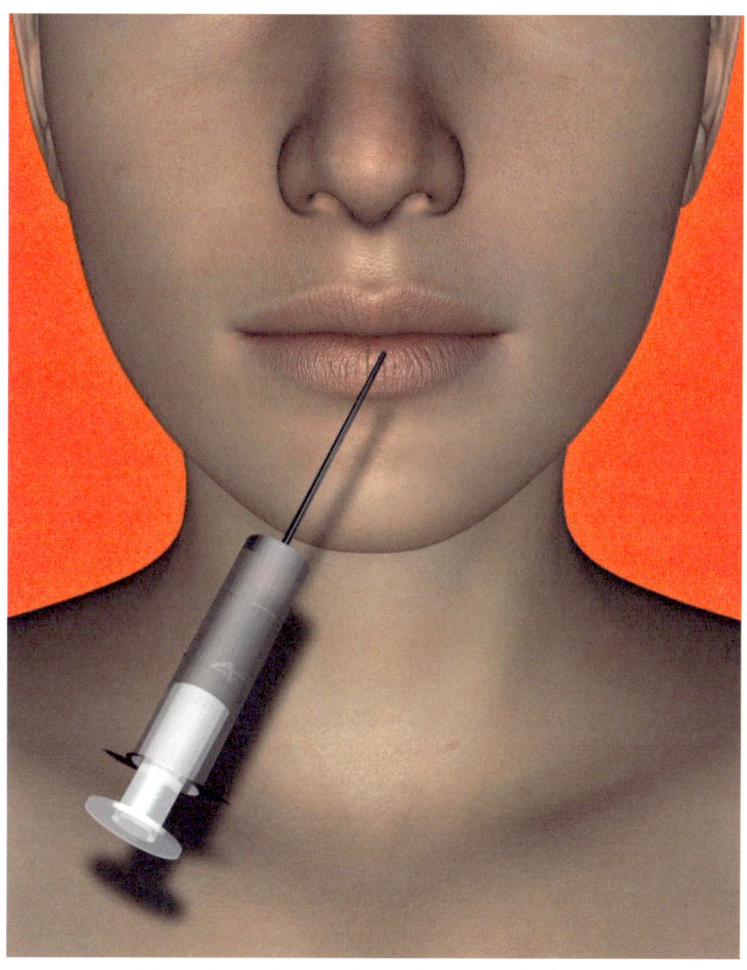

Die Crème de la Crème der Unterhaltung

»Hirn-OP: Dann und wann arbeitet die Neurologie
auch an weitestgehend alten Synapsen.«

»Das Verfassen von Kurzgeschichten kann auch als
milliliterarisches Schreiben bezeichnet werden.«

»Wer noch zu Lebzeiten zu der Erkenntnis gelangt, dass die
Nichtexistenz des Menschen die größere Gnade darstellt, als das
Leben selbst, der hat schon viel verstanden.«

»Mainstream? In die Kommerzfalle zu tappen, ist ganz
einfach: Man braucht lediglich das nachzuäffen, was alle
anderen bereits vormachen«

»Straßenverkehrsgesetz: Ordnungswidrig handelt,
wer im Straßenverkehr ein Kraftfahrzeug führt,
obwohl er **Blaubeeren** konsumiert hat.«

»Der Sinn des Lebens? Wichtig ist nur,
dass aus Kampf kein Krampf wird.«

»Drama: So manche Ehe entwickelt sich
sukzessive zu 'Kannibale und Liebe'.«

»Paradox: Sobald heutzutage im TV von Sexualität die
Rede ist, handelt es sich nicht selten um die
Vierschranzentournee.«

»Moralisch denken bedeutet auch, die Reinigungskraft höher zu
bewerten, als den von Erbschaften existierenden Lebemann, der
sie von fremdem Geld bezahlt.«

»Bei so manchem Zeitgenossen wird Onanie wesentlich häufiger praktiziert, als es die Bezeichnung auf den ersten Blick vermuten lässt.«

»Anstatt Bäume anzubeten, werden diese abgeholzt, um aus den Rohstoffen Smartphones herzustellen.«

»Voyeur-TV: Im Fernsehen läuft deshalb rund um die Uhr Kriminalität und Gewalt, weil die Zuschauer glauben sollen, es ginge ihnen immer noch besser, als den bemitleidenswerten Kreaturen da draußen.«

»Bei so manchem Zeitgenossen besteht das Problem darin, nicht mehr adäquat zwischen eigener Meinung und Realität unterscheiden zu können.«

»Wer mal wieder überbordende, geistige Inspiration sucht, der sollte nicht zögern, mit den eigenen Genietalien zu spielen.«

Die Crème de la Crème der Unterhaltung

»Die Existenz des Menschen währt nur dann kurz,
wenn sie nicht mit Leben gefüllt wird.«

**»Heutzutage wird in Wahlkämpfen der Widerstand
gegen Gewalt, Terror und Niveauverlust gerne als
Ablehnung der Moderne konterkariert.«**

**»The Age Of Mammon: Heutzutage geht Liebe nicht
mehr durch den Magen, sondern durch das Bankkonto.«**

**»Wer durch die Hölle gegangen ist, kommt nicht zwangsläufig in
den Himmel, und wer schon im Himmel war, hat die Hölle
möglicherweise niemals kennengelernt.«**

Die Crème de la Crème der Unterhaltung

Die Crème de la Crème der Unterhaltung

»Paradoxon Exitus: Viele fürchten den Tod, doch
nur wenige die Zeit vor der eigenen Geburt.«

»Möglicherweise haben die Kreationisten des Universums die Distanzen
zwischen den Sternen nur deshalb so großzügig dimensioniert, um die
Spezies Homo sapiens außerstande zu setzen, auch den Rest des
Weltalls mit ihrem Wahnsinn zu bevölkern.«

»Heutzutage hört man so selten die Wahrheit, weil die
Profiteure der Unwahrheit so komfortabel davon
existieren können.«

»Behinderte brauchen kein Mitleid, sondern vollwertige
gesellschaftliche Anerkennung auf Augenhöhe.«

»Sprechblasen ist im 21. Jahrhundert auch ohne Sexualität das Standardmittel zur Nachrichtenübermittlung.«

»Der Tanzstil des Rappers ähnelt dem Diarrhoe-Kranken auf der Suche nach der nächsten Toilette.«

»Geriatrie? Er kam, sah und siechte!«

»Statt Karten: Nach langem Leiden als Ehepartner sind wir heute gemeinsam glücklich verschieden.«

»Heutzutage sind Politiker nur noch Marionetten des ökonomistischen Mainstreams.«

»Bei so manchen Zeitgenossen beschränkt sich die 'Selbstreflektion' auf die morgendliche Zeit vor dem Badezimmerspiegel.«

»Dank des immensen medizinisch-technischen Fortschritts sterben die Menschen heutzutage nicht mehr mit 70 Jahren, sondern erst drei Jahrzehnte vor ihrem hundertsten Geburtstag.«

»Wer heutzutage noch an Kapitalismus und unbegrenztes Wachstum glaubt, ist ein armer Irrer.«

»Diese modernistisch-infantilen Gesundbeter und Eiferer für eine humanistische Phantasiewelt haben einzig und allein ihre Solvenz, respektive ein prall gefülltes Bankkonto für ein bequemes Leben, im Sinn.«

»Stars und Sternchen? Wie schwach muss das Selbstbewusstsein derjenigen sein, die immer und ewig nur angehimmelt werden wollen.«

»Ihr sollt die Menschen an ihren Taten messen, nicht an ihren Worten.«

»Artokratie bedeutet Freiheit!«

»Money Talks: Heutzutage geht Liebe nicht mehr durch den Magen, sondern durch das Bankkonto.«

»Es ist nicht die Frage, ob jemand Selbstbewusstsein besitzt, sondern ob dieses Selbstbewusstsein berechtigt ist.«

»Zeit ist das höchste Gut, nicht alle Ewigkeit fließt das Blut.«

Talk-to-go

Die Crème de la Crème der Unterhaltung

»Existentialistischer Pragmatismus: Das Leben zu verträumen, kann in einer destruktivistischen Welt oftmals sinnvoller sein, als den eigenen Traum zu leben.«

»Selbst ein wutschnaubender Gorilla im Zoo hat mehr Spaß am Leben, als dieser taumelnde Lederbarsch!«

»Altersrassismus: Ausrangierte Schauspielerinnen landen bei fortschreitendem Alter tragischerweise eher auf der Beisetzungs-, statt auf der Besetzungscouch.«

»Manche Schauspieler agieren so schlecht, dass sie nicht mal in der Lage sind, die eigene Person schlüssig darzustellen.«

»Die in der Ei-Tea-Branche besitzen jederzeit die Grundlage für ein nahrhaftes Frühstück!.«

»Statt über soziale Gerechtigkeit, sollte in dieser Welt besser über unsoziale Ungerechtigkeit diskutiert werden.«

»In **Germoney** sind die gewählten Politiker Industrievertreter, und die Industrievertreter vertreten die Politiker.«

»Wie in der Werbung, so lautet auch beim Magen-Darm-Katarrh bestenfalls das Motto: Alles muss raus!«

»Vorbild Unschärferelation: Große Geister spuken auch dort, wo es schwerfällt.«

»Tempolimit? In Industriestaaten wie Deutschland zählen keine Menschenleben, sondern die wirtschaftlichen Interessen der Automobilindustrie.«

»EU-Konformismus bedeutet Mainstream, und
Mainstream war noch nie 'state of the art'.«

»Spötter könnten den Deutschen Bundestag auch als
Bordell für Wirtschaftslobbyisten bezeichnen.«

»Für die alkoholischen Getränke sollte beim
Lokalsport schon jeder selbst sorgen.«

»Think positive: After death you'll stardust again.«

»Das kleine 1x1 der Sinfoniker: Längst nicht jedes
Orchester besitzt seinen eigenen Geigerzähler.«

»Hüte dich vor bösen, missgünstigen Menschen, die dir weismachen wollen, kreatives Schaffen sei nur Zeitvertreib.«

»Planet Erde: Kaum jemand ist bereit, Abstriche in der eigenen Lebensqualität hinzunehmen, deshalb wird die Natur eines Tages umfassend und erbarmungslos zurückschlagen.«

»Der pathologische Narzissmus des Homo sapiens ist so grenzenlos, das er sich nicht einmal ansatzweise vorstellen kann, dass auch andere Spezies eine ebensolche Existenzberechtigung besitzen könnten, wie er selbst.«

»Der moderne Mensch entkoppelt sich immer weiter von der Natur, und verliert dabei sukzessive die eigene Identität.«

»Inspiration? Ausdauersport hebt die Stimmung, ganz ohne pharmazeutische Hilfe.«

Talk-to-go

Die Crème de la Crème der Unterhaltung

»Löcher und Risse in den Hosen - früher Zeichen einer subversiven Kanalrattenexistenz - sind heutzutage zum schnöden Modeaccessoire verkommen.«

»Deine Familie kannst du dir nicht aussuchen, aber deine Freunde!«

»Zuversicht: Jedes Scheitern ist letztendlich eine neue Stufe zum Erfolg.«

»Die wahrscheinlichste Ursache für ein ausgeprägtes Selbstbewusstsein ist ein begrenzter Horizont.«

»Und bei allergrößter Leidenschaft folgt der Dunkelheit das Licht.«

»Wo Weizen ist, is(s)t auch ein Bauch!«

Die Crème de la Crème der Unterhaltung

»Glaube ist Hilfe zur Selbsthilfe.«

»Für tausend Dollar die Woche bringen wir
ihnen bei, Gefühle zu simulieren!«

»Bei uns wird noch Geschichte geschrieben!«

»Resilienz: Wer zu nah am Wasser gebaut ist,
sollte sich prophylaktisch Regenstiefel kaufen.«

»Kulturelle Diarrhöe: Kommerzielle Musik (in den Verkaufscharts von 0
auf 1) geht bei anspruchsvollen Hörern regelmäßig von 1 auf 00.«

»Leben? Am Anfang begehrt man noch auf, doch am Ende hat
man die Begrenztheit des Homo sapiens akzeptiert.«

»Fragile Existenz: Das Leben ist nur Kosmetik
auf dem ewigen Antlitz des Todes.«

»Geistige Schröpfung? Wir sind nicht gemein, aber frei!«

»Tabubrüche? Die größte Zumutung ist das Leben selbst.«

»Existentialism? You need no timepiece after death.«

»Wo kein Schmerz ist, wirkt noch die Komfortzone.«

»Doping? Die Wahrheit ist stärker als korrupte Sportler!«

»Sisyphos! Leben bedeutet auch, mit großen Ambitionen immer
wieder gegen einen Berg von Belanglosigkeiten anzukämpfen.«

»Real Satire in Industriestaaten: Die mit den Drogen, dem Alkohol und dem Tabak, sind in Wahrheit windeltragende, degenerierte Wohlstandshansel.«

»Real Satire in Philosophie und Wissenschaft: Die Existenz der Spezies Homo sapiens, könnte auch als Beweis für die Nichtexistenz eines intelligenten Schöpfers herhalten.«

»Wer im Traumschiff(t) ist ein Bettnässer!?«

»Think positive: Death is a welcome change of the monotonous everyday life.«

»Arm zu bleiben ist eigentlich ganz einfach: Man muss sich und anderen eben nur regelmäßig was Gutes gönnen.«

Die Crème de la Crème der Unterhaltung

»Wirkliche Kunst braucht Freiheit gegen alle Regeln.«

»Der Weg des geringsten Widerstandes: Unter künstlerischen Aspekten ist der eigene Stil des Kreativen nichts weiter, als das Aufspringen auf den ewig gleichen Zug.«

»Der pathologische Narzissmus des Homo sapiens ist so grenzenlos, das er sich nicht einmal ansatzweise vorstellen kann, dass auch andere Lebewesen eine ebensolche Existenz- und Daseinsberechtigung auf Erden besitzen könnten, wie er selbst.«

»Mysteriöse Welt: Im Fernsehen sieht man rund um die Uhr die Polizei, dafür aber im normalen Alltag so gut wie nie.«

»Wie die Materie die Antimaterie, so benötigt auch der Künstler einen Widerstand, um zu wachsen.«

»Auch ein Kelte hat's von Zeit zu Zeit gern mal warm!«

»Warum gibt es in den Bordellen der Welt zum Champagner eigentlich immer noch keinen Puffreis?«

»Think positive: Der Tod ist eine willkommene Abwechslung zum eintönigen Alltagsleben.«

»Sport kann niemals nur ein Hobby sein, denn dafür müsste er prinzipiell Spaß machen.«

»Think positive: Wenig beachtete Künstler haben mehr Zeit für konstruktive Arbeit und vergeuden weniger Zeit mit sinnfreien Schickimicki Champagner-Partys.«

Die Crème de la Crème der Unterhaltung

»Der Philo soff wie ein Pferd.«

»Aktive Leistung als Relativator: Alle Lebensaufgaben fallen relativ leicht, im Vergleich zur langfristigen, dauerhaft psychisch-physischen Belastung eines kontinuierlich durchgeführten Ausdauersporttrainings.«

»Autonomie in der Kunst: Erst wenn die Arbeit eines Künstlers vollkommen ignoriert wird, ist er möglicherweise tatsächlich frei in all seinen Entscheidungen.«

»Prokrastination: Nach dem Kampf gegen den inneren Schweinehund, verliert ein verzweifeltes Botox-Opfer oftmals auch den Kampf gegen den äußeren Schweinehund.«

»Beauty-Wahn: Erst wenn jede geliftete Schreckschraube Botox benutzt, wird Natürlichkeit wieder zu etwas ausnehmend Charmantem.«

»Mensch: Bei deiner Geburt fragt dich niemand, ob du Leben willst, und beim eigenverantwortlichen Sterben beschränkt man allumfassend deine persönliche Autonomie.«

»Alkoholmissbrauch: So mancher Autodidakt kommt zwangsläufig vom Fahrrad auf den Hund.«

»Grüß dich ..., wenn du dich siehst!«

»Talkshow? Wozu Smalltalk, wenn auch ein persönlicher Bigtalk möglich ist.«

Talk-to-go

Die Crème de la Crème der Unterhaltung

»Die Logik der Fitness Phlegmatiker: Aus Untätigkeit folgt gesundheitliche Beeinträchtigung, welche sogleich wieder als Begründung für zukünftige Untätigkeit herhalten muss.«

»Wer seine Leidenschaft verliert, existiert nur noch, doch er lebt nicht mehr.«

»Technologische Singularität: Erst wenn Kurzweil's Geist ‚in der Flasche' ist, kann von einem nachhaltig-fortschrittlichen Umgang mit den biologischen Ressourcen der Natur gesprochen werden.«

»Kunst kann auch Rebellion sein, gegen den pathologischen Wahnsinn einer vermeintlich vernünftigen Welt.«

»Läufer leben vielleicht nicht länger als ihre Mitmenschen, doch sie bekommen definitiv mehr frische Luft.«

»Hunde sind Götter, es hat sich nur noch nicht bei jedem herumgesprochen.«

»In der Nacht offenbart sich des Menschen Fähigkeit zum Träumen, doch ergeht er sich mit jedem neuen Tag in eine erniedrigende, monotone Alltagszeremonie namens Leben.«

»Es gibt ein multiresistentes Element in der Welt, welches allen Unbilden der Zeit mit Leichtigkeit widerstanden hat: Die Dummheit.«

»Hundert Dollar wären super, aber
zweimal fünfzig sind auch okay.«

»Wie der Panzer, so besitzt auch der
Walzer etwas zutiefst Militärisches.«

»Fitness & Mortality? Die schwerste Ausdauerprüfung
ist immer noch der Tod, weil er am längsten dauert.«

»Die Erde ist ein Juwel, die Menschheit ein Desaster.«

»Politiker lassen sich dafür bezahlen, den Menschen Sand in die
Augen zu streuen, doch am Ende lassen sie sie in einer trostlosen
Wüste ohne Hoffnung zurück.«

»Heutzutage gilt schon als moralisch, wenn jemand vor seiner nächsten Schurkentat bedenkt, ob diese in der Öffentlichkeit publik wird, oder auch nicht.«

»Einschlafen bedeutet nicht zwangsläufig auch Ausschlafen, aber vor dem Ausschlafen ist das Einschlafen unabdingbare Voraussetzung.«

»Zurück zur Natur: Sterben bedeutet lediglich, einmal mehr liegen zu bleiben, als aufzustehen.«

»Warum saufen sie denn so viel? Ich bin auf der Suche nach dem mysteriösen Higgs-Teilchen!«

»Wer selbst handelt, wird weniger von anderen behandelt.«

Die Crème de la Crème der Unterhaltung

»Der Kampf gegen das Altern ist aktive
Rebellion gegen den Tod.«

»Das Ende der Zivilisation: Im Schnellrestaurant
um die Ecke gibt's immer noch keinen Macbeth!«

»Hunde sind Götter, es hat sich nur noch
nicht bei jedem herumgesprochen.«

»Drogen? Auch eine Überdosis
Einsamkeit kann Menschen töten.«

»Alles was heute IN ist, kann morgen schon wieder OUT sein,
aber eines bleibt bestehen, wie der Fels in der Brandung:
Die Wahrheit.«

Die Crème de la Crème der Unterhaltung

»Wem die Glücksmomente des Lebens versagt bleiben,
der muss lernen, sich mit der Dunkelheit zu arrangieren.«

»Wenn alles Teil von etwas Größerem ist,
dann ist die Dummheit Teil von etwas Blöderem.«

»Die Inflation der Kriminalität und Gewalt in den
öffentlichen Medien, ist ein Indiz für die wachsende
Abstumpfung der modernen Gesellschaft.«

»Kosmos? Sind wir nicht alle irgendwo Artonauten!«

»The fight against aging is active
rebellion against death.«

»Nach dem ersten Bypass ist die Steigung zur
Gesundheit anspruchsvoller als im Tal.«

»Das Motto der nächsten Karnevalssession lautet:
Italien, die Sixtinische Kamelle.«

»Psycho Sapiens: Die Depression
ist der neue Realismus.«

»So mancher Zeitgenosse hält die Stringtheorie
für eine komplexe Fingerübung für Geigenvirtuosen.«

»Nicht aufgeben ist gar nicht so schwer,
man muss es nur tun.«

Die Crème de la Crème der Unterhaltung

»Existenzhorror: Wer glaubt, es gibt keine weitere Steigerung des Wahnsinns des menschlichen Geistes, der wird mit jedem neuen Tag auf Erden eines besseren belehrt.«

»Dass künstlerisches Schaffen mit Originalität zusammenhängt, bemerken die Plagiatoren oftmals erst auf dem Sterbebett.«

»As long as man exists, the mind dictatorship on earth will never end.«

»Die Existenzformel: Wer begreift, dass sich der Mensch in einer lebenslangen, moralischen Dauerkrise befindet, der hat schon viel vom Leben verstanden.«

Talk-to-go

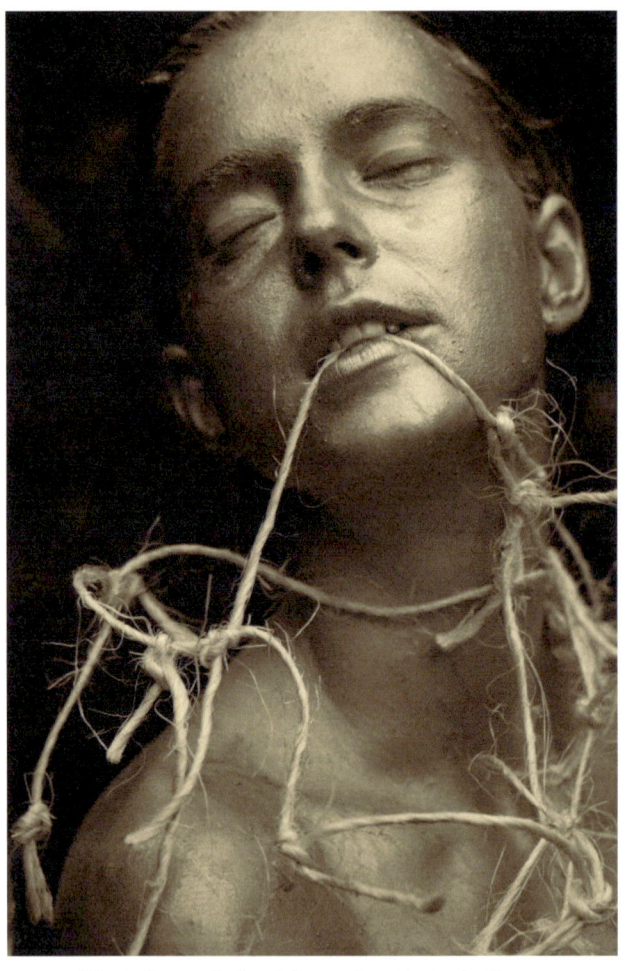

Die Crème de la Crème der Unterhaltung

»Solange der Mensch existiert, wird die Gesinnungsdiktatur auf Erden niemals enden.«

»Heutzutage klingen selbst ausgewiesene CD Rohlinge nur noch nach Weichspülmusik.«

»Statt die Vergangenheit als entscheidende Wirkgröße für Gegenwart und Zukunft zu begreifen, wird die Vergangenheit als Vergangenheit betrachtet.«

»Die Kenntnis der Wahrheit gereicht dem Einzelnen nicht immer zum Vorteil, wenn die Mehrheit von der Unwahrheit profitiert.«

»Wir liebten uns während eines heftigen
Schneesturms in Tiefschwarz.«

»Entwaffnet die Welt, und ihr erhaltet
einen völlig neuen Planeten.«

»Mode? Der letzte Schrei der Haute-Couture
ist der Gelsenkirchener Barock!«

»Masturbation mit Partner ist wie betreutes Wohnen:
Nichts Halbes und nichts Ganzes.«

»Was nützt es dem Menschen, wenn du ihm Geld
gibst und doch sein Herz nicht erreichst.«

»Die hohe Schule der Philosophie: Die Welt benötigt dringend ein Hygienecenter zur Erlangung moralischer Gesundheit.«

»Winter? Nicht jeder Wollfetischist ist zwangsläufig auch Schalträger!«

»Das elementare Problem der untätigen Humanisten besteht darin, dass sie oftmals nicht mit denen fertig werden, die nicht gut sind.«

»Arbeitsbeschaffungsmaßnahme: So mancher Gewalttäter übt eine regelmäßige selbständige Tätlichkeit aus.«

»Marathon: Wer nur lange genug läuft, wird zwangsläufig zum Wal-King.«

»Die Humorlosen konsumieren auch deshalb ständig Cannabis,
weil sie ihre eigene Stupidität so schwer ertragen können.«

»Das Zeitalter des Gewalt-Voyeurismus: Im Fernsehen läuft
wieder rund um die Uhr organseziertes Verbrechen.«

»Großstadtkriminalität: Nicht jeder 'Schlawiener'
ist zwangsläufig auch Österreicher.«

»Defekte Begrifflichkeiten: Wäre nicht der 'Widerstand gegen den
Staatsfrieden' die weitaus sympathischere Umschreibung für
Delikte gegen Staatsgewalten?«

»Demut vor dem eigenen Größenwahn stellt eine
elementar wichtige Geisteshaltung dar.«

»Die wirkungsvollste Übung für Sportler?
Ein schmerzverzerrtes Gesicht beim Training!«

Talk-to-go

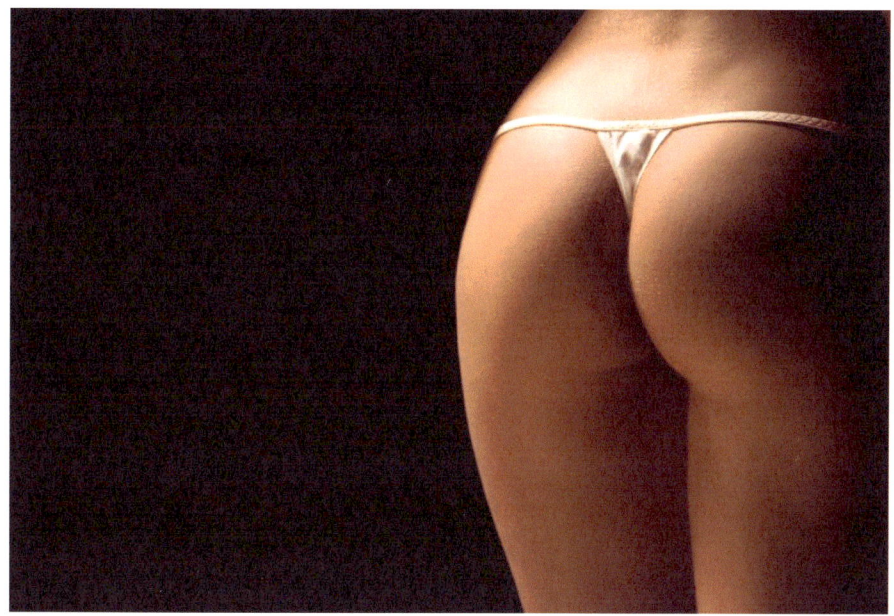

Die Crème de la Crème der Unterhaltung

»Wieder voll im Trend: Jetzt schon an Weihnachten denken,
und wie immer in letzter Minute Geschenke kaufen.«

»Im Gasthof zum Ochsen sitzen nicht
selten selbige an den Tischen.«

»Paradoxien der Medizin: Arzneimittel sollten nicht nur nicht
nüchtern, sondern auch *nicht* mit Alkohol eingenommen werden.«

»Die Humorlosen konsumieren unter anderem deshalb ständig
Cannabis, weil sie unbedingt auch mal mitlachen möchten.«

»Marathon? Who runs long enough
is definitely a Wal-King!«

»Schnäppchen der Woche: Humor auf Kosten anderer.«

»Natürlich gäbe es auch ohne Schusswaffen noch gewaltbereite Psychopathen, doch die Konsequenzen ihres Handelns wären längst nicht so eklatant-dramatisch. Das ursächliche Problem sind die Macht- und Profitinteressen der Waffenlobbyisten.«

»Nuclear Dogs: Nach dem Atomkrieg
wird so mancher Hund zum Gauwau!«

»Warum um alles in der Welt sind unter den selbsternannten Hellsehern eigentlich so selten Lotto-Millionäre?«

»Wenn vor deiner Tür ein Mann in Anzug und Krawatte steht und erklärt: 'Für jede frei fliegende Amsel wird ab sofort ein Euro Solidarbeitrag fällig', glaubst du das dann auch?«

»Glaubwürdig ist nicht, was die Mehrheit für
glaubwürdig hält, sondern das was wahr ist.«

»Mysteriöse Bergwelt: So mancher Seitensprung
endet zwangsläufig im Abgrund der Verzweiflung.«

»Science-Fiction? Ingeborg gehört jetzt auch
zu diesen totalitären Klonkriegern!«

»Die Massentierhaltung dokumentiert exemplarisch
die Herzlosigkeit des Homo Sapiens.«

»Alle reden vom Alter, aber keiner will hin.«

»Die Erde ist ein Juwel, die Menschheit ein Desaster.«

»Auf der nach oben offenen Münchhausen-Skala rangiert
Kernseife definitiv auf den vorderen Plätzen:
Sie besitzt tatsächlich keinerlei Kerne.«

Die Crème de la Crème der Unterhaltung

»Wozu Schlager Akzeptanz, wenn man auch fabelhaft zu Heavy Metal tanzen kann?«

»Hör mir auf mit deinen Lippenbekenntnissen, danach bekommt man immer Herpes.«

»Wer dem Kieferbruch nichts abgewinnen kann, sollte es mal mit Bruchschokolade probieren.«

»Wie kann ein Mensch zu sensibel sein? Sein soziales Umfeld ist möglicherweise nur zu brutal.«

»Beschäftige dich nicht mit Menschen, die dich minimieren wollen, sondern bevorzugt mit denjenigen, welche die Befähigung besitzen, dich maximal zu motivieren.«

Talk-to-go

Die Crème de la Crème der Unterhaltung

»Nur den Ansprüchen anderer zu genügen, macht nur dann Sinn, wenn man keine eigenen hat.«

»Wussten sie schon, das als Voraussetzung für sexuelle Handlungen immer das explizite Einverständnis aller möglichen Protagonisten notwendig ist.«

»Unromantische Welt! Heutzutage sieht man ‚König Drosselbart' höchstens noch auf der Überholspur der Autobahn: Bei 60 km/h.«

»Politischer Konformismus: Das Projekt Europa ähnelt einer Zwangsjacke in Einheitsgröße, die pauschal für unterschiedlichste Körpermaße passend gemacht werden soll.«

Die Crème de la Crème der Unterhaltung

»Ernährungstechnisch sind viele Läufer wie Insekten:
Heißhungrig auf süße, energiereiche Nahrung fixiert.«

»Klinische Psychologie: Bei so manchem Politiker manifestiert
sich während der aktiven Amtszeit ein veritabler Poly-Tick.«

»Die deutsche Justiz praktiziert seit jeher
Täter-, statt Opferschutz.«

»Mit der Geburt gewinnt der Mensch alles, mit dem Tod geht ihm
alles verloren, doch bleibt er – auf atomarer Ebene - weiter
Bestandteil eines größeren Systems.«

»Der Wirtschaftsteil der Tageszeitung eignet sich hervorragend als
Unterlage zur Trocknung neuer Werke.«

»Andere können nachvollziehen, wir vollziehen vor.«

»Das Diskreditieren anderer ist die Wurzel allen Übels.«

»Welch einen Glücksfall stellen doch die unendlichen Dimensionen des Weltalls dar, würde doch Homo Sapiens andernfalls mit seinem Wahnsinn nicht nur die Erde, sondern gleich das ganze Universum pulverisieren.«

»Für Phlegmatiker ist die Zeitdilatation ein grundnatürlicher Vorgang, da in ihrem Umfeld jede aktive Uhr Lähmungserscheinungen erfährt.«

»Wer es schon schön hat, braucht sich nichts mehr schönzureden.«

»Gerade bei fehlender Akzeptanz für deine Arbeit solltest du unbedingt fortfahren, um deinen mühsam erworbenen Status nachhaltig zu untermauern.«

»Bezüglich der inflationär-morbiden TV-Unterhaltung heutzutage kommen realistisch nur zwei Szenarien in Betracht: *Entweder* die Programm-Macher sind krank, *oder* das Publikum.«

Die Crème de la Crème der Unterhaltung

»Narkoleptische Zombies: Die Gelassenheit mancher Zeitgenossen ist so groß, dass zwischen diesseitiger und jenseitiger Existenz kaum noch Unterschiede auszumachen sind.«

»Auf einem Auge blind zu sein hat auch Vorteile: Man bekommt vom Elend der Welt visuell nur die Hälfte mit.«

»Literatur: Mit Herzblut geschrieben, zur Weißglut getrieben.«

Talk-to-go

Die Crème de la Crème der Unterhaltung

»Willkommen in Schnöseldorf: Zur Unterschicht gehören
stets solche, die sich von Erbschaften alimentieren lassen.«

»Marketing? Selbst kreatives Pinkeln gilt
heutzutage als ausgewiesene Kunstform!«

»Wissenschaft? So mancher Zeitgenosse denkt beim Rendezvous mit
Pluto zuallererst an eine Neuausgabe des lustigen Taschenbuchs.«

»Gibt es etwas Beschränkteres, als eine Eheschließung
ausschließlich Frauen und Männern zuzubilligen?«

»Alligator Power: Ein besonders gewieftes
Krokodil kann auch Nihilist sein.«

»Oftmals setzen 'Vernunftmenschen' Seriosität mit Solvenz gleich und vergessen dabei, dass Moral nicht käuflich ist.«

»Der beste Ratschlag für eine harmonische, partnerschaftliche Sexualität lautet: Keine Ratgeber!«

»Um dem Krematorium von der Schippe zu springen, benötigt man dringend ein künstliches Hüpfgelenk.«

»Apocalypse Earth? That's because they have to feed their families!«

»Daytrading? Ein skrupelloser Analyst verscherbelt zur Not auch seine eigene Großmutter, wenn nur die Rendite stimmt.«

»Lasst euch nicht blenden, von den selbsternannten Vernunftmenschen: Sie manövrieren die Welt in den Ruin.«

»Das Thema Inkontinenz wird für Männer spätestens dann
relevant, wenn sie beginnen, sich für Damenhygieneprodukte
im Supermarkt zu interessieren.«

»Unbequeme Wahrheiten: Manchmal kann
ein Autor ganz schön wehtun.«

»Nicht in jedem Maulkorb steckt zwangsläufig
auch ein schlecht gelaunter Hund.«

»Magie? Nach der hundertsten Diät wird selbst
aus einer kleinen Infantin eine große Elefantin.«

»Schwellkörper: Im Gegensatz zum Menschen
steht die Erektion zu ihren Fehlern.«

»Planet Sapiens: Eines Tages wird die Menschheit erkennen, dass
sie ein Paradies für Puffreis und Zuckerwatte geopfert hat.«

Die Crème de la Crème der Unterhaltung

»Treibhausgas-Emissionen?
Klimawandel statt Klimawindel!«

»Aktuell herrscht Revolution: Wir bitten,
etwaige Annehmlichkeiten zu entschuldigen.«

»Natural Disaster: Wer denkt dabei eigentlich
noch an den ‚Arbeitsplatz‘ für den Planeten Erde?«

»Underground Talks: Der Gossenhauer ist
echtes Liedgut aus dem Rinnstein der Straße.«

»Kurios: So mancher Zeitgenosse feiert optisch mit
vierzig bereits seinen sechzigsten Geburtstag.«

Die Crème de la Crème der Unterhaltung

»Veggieday: Fleischereifachverkäuferin wird vom Vampir gebissen und wird zur Vegetarierin.«

»Die Alters-Rassisten von heute sind die Botox-Jünger von morgen.«

»So mancher Politiker hält 'Austerität' für eine besonders exquisite Muschel-Vorspeise in einem opulenten Sechs-Gänge-Menü.«

»Planet Sapiens: Was nützt das schönste Paradies, wenn es von einem Monster bewohnt wird.«

»Sexuelle Revolution: Bei so manchem Zeitgenossen gipfelt die Begeisterung für Elektroautos in einer regelrechten E-Rektion.«

»Wer beim Sex seinen Senf dazugeben will,
sollte immer auf die nötige Schärfe achten.«

»Education is the fast lane of the spirit.«

»Der tiefe, traumlose Schlaf ist die
Simulation des späteren Todes.«

»Am Beispiel des Homo Sapiens wird deutlich, was
fehlgeleitete Intelligenz auf einem Planeten anrichten kann.«

»Die Aktivitätsformel: Gelaufene Kilometer
ist gleich gewonnene (Gehirn-)Synapsen.«

»Nicht das zur Schau getragene Selbstbewusstsein eines Menschen
ist entscheidend, sondern seine faktische Lebensleistung.«

Die Crème de la Crème der Unterhaltung

»Existenz: Zwischen loslassen und leben und loslassen und sterben besteht ein schmaler Grat.«

»In einem Geheimbund bleibt vieles ein Geheimnis, nur die Hohlköpfigkeit seiner Mitglieder nicht.«

»Sexualität kann so schön sein, wenn sie nur umfassend vermieden wird.«

»Wozu Heiraten? Wir sind auch *ohne* Trauschein unglücklich!«

»Gewinner im Spiel des Lebens bleibt derjenige, welcher sich selbst treu bleibt.«

»Phantasie ist eine Begabung und kein Lernprozess.«

»Anstatt zusammen alt zu werden, sollten
Paare besser gemeinsam jung bleiben.«

»Das elementare Problem des Fast-Food-Journalismus
besteht darin, dass er nicht mal die Halbwertszeit von
Radium besitzt.«

»The deep dreamless sleep is the
simulation of subsequent death.«

»Das Zeitalter des Plagiats: Statt nun zu schreiben, was
noch niemals zuvor ein Mensch geschrieben hat, hängt
der eine dem anderen auf der Feder.«

»Wer sich zu Lebzeiten beim Nichtstun wohlfühlt,
wird auch den Zustand des Todes genießen.«

Talk-to-go

Die Crème de la Crème der Unterhaltung

»Philosophen agieren wie Raubtiere
im Dschungel der Erkenntnis.«

»Wenn schon bloßes Auswendiglernen eine Intelligenzleistung
darstellen würde, müsste man jedem handelsüblichen
Taschenrechner einen Doktortitel verleihen.«

»Es wird auch in tausend Jahren noch Menschen geben,
die das geistige Eigentum anderer mit Füßen treten.«

»Sexualität ohne Schwerkraft ist wie
Rennradfahren ohne Klickpedale.«

»Viele Hunde lieben Klassik, doch
längst nicht jeder bellt Vivaldi.«

»Zuversicht! Alle Verzweiflung endet mit dem Tod.«

»Resilienz: Wer die Sonne nicht kennt,
fühlt sich im Schatten am wohlsten.«

»Wer seine eigenen Grenzen erfahren möchte,
sollte zuallererst lernen, grenzenlos zu denken.«

»Das Siebengebirge kann man problemlos
auch zu sechst bereisen.«

»Heutzutage gilt als vernünftig, eine Welt
ohne Waffen auszuschließen.«

»Nicht hinter jedem Scheusaal steckt zwangsläufig
auch ein schlechter Architekt.«

»Weltpolitik? Beruft euch nicht auf Sachzwänge,
sondern verändert die Welt im humanistischen Sinne.«

»Morbide Gesellschaft:
Auch im Flachland lauern die Abgründe.«

»Lebenssinn? Es gilt, andere mit den eigenen
Taten zu erfreuen, und nicht zu erschrecken.«

»Geistiger Horizont? Schubladendenker stoßen sich
bei neuen Erkenntnissen ständig den Kopf.«

»Man kann sein Liebesleben maximieren,
indem man seine Ansprüche minimiert.«

»Alles Streben nach Anerkennung, Geld, Macht und Erfolg basiert
letztendlich auf der Unfähigkeit des Menschen, die eigene
Endlichkeit der Existenz intellektuell adäquat zu realisieren.«

Die Crème de la Crème der Unterhaltung

»Politik und Wirtschaft: Der richtige Weg ist nicht immer der beste, für diejenigen, die am Falschen verdienen.«

»Nicht die Länge des Lebens ist entscheidend, sondern seine Intensität.«

»Oft genug endet das Tagwerk eines hungrigen Botokuden ernährungstechnisch beim schiefen Turm von Pizza.«

»Pelz-Skandal: Der Anteil der Zwerchfellträger beträgt auch bei Minderwüchsigen mindestens einhundert Prozent.«

»Andere lassen denken, aber wir denken noch selbst.«

»Niemand besitzt das Recht, Tiere
für seine Zwecke zu missbrauchen.«

»Nicht jeder der sein Päckchen zu tragen hat,
ist auch wirklich ein Postbote.«

»Demenz kann auch eine Gnade sein, denn sie verleiht der
eigenen (Lebens-)Realität einen Schleier des Vergessens.«

»Diät? Wer nach der Ernährungsumstellung auf
kohlenhydratreduzierte Kost durch den eigenen Briefkastenschlitz
ins Haus gelangt, ist definitiv auf dem richtigen Weg.«

»Kein Pelz: Auch das Zwerchfell verdient
uneingeschränkten Artenschutz.«

»Das Schlager-Kalkül: Wenn erwachsene Interpreten von Engel und Teufel, von Hölle und Paradies schwadronieren, dann gilt deren größte Sehnsucht oftmals lediglich dem eigenen Nummernkonto in der Schweiz.«

»Lebensplanung: Wenn das Ziel der Reise unbekannt ist, wird der Fahrkartenkauf zum reinen Glücksspiel.«

»Es ist niemals zu spät, sich mit der Sinnlosigkeit der menschlichen Existenz abzufinden.«

»Den schwersten Kampf führt der Mensch gegen die ihm innewohnende dunkle Materie.«

»Zombies? TV-Formate mit Volksmusik besitzen proportional gesehen die höchste Untoten-Dichte pro Sendeminute.«

»Dogs allowed: Auch Pinscher haben das Recht
auf uneingeschränkte Heldenverehrung.«

»Lesen ist Kraftsport fürs Gehirn.«

»Resilience: The meaning of life is to never give up.«

»Paradoxon der Prophetie: Wenn Hellseher wirklich in die Zukunft
blicken könnten, müssten sie feststellen, dass sie keine hellseherischen
Fähigkeiten besitzen, und wären somit auch keine Hellseher.«

»Genetisch betrachtet macht ein Serienkiller
nur das Beste aus seinen Anlagen.«

»Wenn die ersten humanoiden Roboter auf Trauerfeiern Empathie
zeigen, dann spricht niemand mehr nur von Maschinen.«

Die Crème de la Crème der Unterhaltung

»Der Überzeugung müssen Taten folgen,
sonst bleibt alles nur ein Vakuum.«

»Transplantation? Organe werden immer Lebenden
entnommen, niemals Verstorbenen.«

»Morbide TV-Unterhaltung: Jede zweite Sendung ist
heutzutage ein Potpourri der Nekrophilie.«

»Klassisch Rumkugeln: Viele Neuzeit-Kids kennen
Mozart nur noch aus der Schokoladenwerbung.«

»Runner's High? Bei besonderen Anlässen wird aus
schlichtem Laufen reinster 'Runthusiasmus'.«

Die Crème de la Crème der Unterhaltung

Talk-to-go

Die Crème de la Crème der Unterhaltung

»Wenn es mehr Menschen gäbe, die auch mal über sich selbst lachen könnten, dann wäre die Welt um einiges erträglicher.«

»Jeder will zu irgendetwas gehören, deshalb lassen sich Menschen von den absonderlichsten Vereinigungen rekrutieren.«

»Körperhygiene? So mancher Computerfreak hat ein größeres Faible für SEO als für Deo.«

»Pro-Kondom: Warum werben die Hersteller eigentlich immer noch nicht mit abschreckenden Bildern von Diktatoren?«

»Das Schicksal ist nichts anderes als eine mathematische Rechenwahrscheinlichkeit.«

Die Crème de la Crème der Unterhaltung

»Existentialismus? Jede noch so verzweifelte Suche nach dem Sinn des Lebens endet zwangsläufig am 'Berg Sisyphos'«

»Wer nicht an Astrologie glaubt, findet auch selten Entspannung bei der Massage mit esoterischen Ölen«

»Selbstbewusstsein: Dein Leben spielt sich in deinem Kopf ab, und nicht in den Köpfen der Anderen«

»Liebe auf Halbmast? Bei einer Flaute im Bett segelt die Leidenschaft oft genug in einen anderen Fjord!«

»Die Erde war perfekt, in einzigartiger Schönheit und Harmonie, dann kam der Mensch und sorgte für Ordnung.«

Die Crème de la Crème der Unterhaltung

»Die Destruktivität der frustrierten Begrenzer bekämpft
man am besten durch konsequente Ignoranz.«

»Education is the fast lane of the spirit.«

»Ich ruf mich immer selbst an, um nicht
den Kontakt zur Außenwelt zu verlieren.«

»Deine Träume liegen nur dann in Scherben,
wenn du sie fallenlässt.«

»Für Querdenker gilt: Das Gegenteil aktueller
Modetrends ist 'state of the art'.«

»Everyone says what he wants to say.«

Talk-to-go

Die Crème de la Crème der Unterhaltung

BoD - Books on Demand, Norderstedt
Auch im Buchhandel erhältlich:

TALKSHOW - Die 164 besten Zitate für 2013
(Vol.1) - ISBN: 978-3-7322-3-1355

TALKFLASH – Noch mehr Zitate für 2013
(Vol.2) - ISBN: 978-3-7322-4616-8

TALKTIME - Die besten Zitate für 2014
(Vol.3) - ISBN: 978-3-7322-9892-1

TALK TUNNEL – Am Abgrund der Unterhaltung
(Vol.4) - ISBN: 978-3-7357-6073-9

Underground Talks – Das Beste kommt zum Schluss
(Vol.5) – ISBN: 978-3-7347-5587-3

BoD